Michael Heinen-Anders
Der Väter Malus – die andere
Seite der Geschlechterdebatte

Herstellung und Verlag: Books on Demand GmbH, Norderstedt

ISBN **9783748139140**

Inhaltsverzeichnis

Einsame Väter

Nachwort

Autobiographische Notiz

„Indianer kennen keinen Schmerz"

Schon in der Kleinkinderziehung prägen Rollenklischees die unterschiedliche Erziehung von Mädchen und Jungen im gleichen Alter. Selbst in vermeintlich aufgeklärten Elternhäusern grassieren immer noch Reste der „Schwarzen Pädagogik". Dies äußert sich z.B. bei Leiderfahrungen in der frühen Kindheit. Zu einem heulenden Jungen wird leichthin gesagt „Jungen kennen keinen Schmerz" oder auch simpler „Indianer kennen keinen Schmerz". Das Schutzbedürfnis von Jungen wird hiermit leichthin übergangen. Auch viele heutige Mütter sind noch so gepolt.

Sportlicher Drill statt jugendlichem altersgerechtem Lernen

Ist erst einmal das schulfähige Alter erreicht, so tendieren viele Lehrer dazu Jungen übermäßig auf Gehorsamkeitserwartungen hin zu erziehen. Mädchen hingegen wird da deutlich mehr Freiraum für Gefühlsausbrüche und ein gelegentliches „Tanzen aus der Reihe" gegeben. Nicht wenige Eltern fördern in diesem Alter Mädchen mit musischen Fächern, wie z.B. Klavierunterricht und Ballettunterricht, während dem altersentsprechenden Jungen nur das „hinterherjagen von Bällen" als altersentsprechend zugesprochen wird. Natürlich gibt es hier auch Ausnahmen, doch die sind selten.

Gleichzeitig werden dem Jungen Konstrukteursbaukästen geschenkt, etwa von Lego- oder von Fischer-Technik, schließlich ist die ersehnte Karriere des Jungen entweder im Sport oder aber im handwerklichen oder technischen Bereich veranlagt. Das Mädchen kann sich in gleichem Maße seiner Phantasie hingeben. Es liest und es malt, was man bei gleichaltrigen Jungen deutlich seltener antrifft.

Männer und Frauen im Studium und in der Lehre

Ist erst einmal das Abitur geschafft, (oder auch bei minderbegabten Kindern die „mittlere Reife"), so wird von jungen Männern erwartet, dass sie sich einem MINT-Fach zuwenden. MINT, das steht als Abkürzung für Mathematik/ Informatik/Naturwissenschaften/Technik. Wem das nicht gelingt, der tummelt sich als Mann recht häufig in Wirtschaftsfächern. Nur den Mädchen werden auch kreativere Ausbildungen etwa in Schauspiel und Musik oder auch in Orchideenfächern, wie Ethnologie und Kunsthistorik von vornherein zugestanden. Und natürlich auch die Sozialarbeit und/oder Pädagogik. Schließlich wird erwartet, dass das erwachsene Mädchen schon recht bald eine Familie gründet und angesichts von Kindersegen, schließlich zu Hause bleibt. Doch immer mehr junge Frauen streben eine dauerhafte Karriere an. Der Kindesvater hat sich dem ggf. unterzuordnen.

Mir ist z.B. eine zweifache Mutter bekannt, die sich nach einem kunsthistorischen Studium schließlich dem Management zugewandt hat. Ihr Ex-Mann, als ausgebildeter Betriebswirt, verwandelte sich wegen dauerhafter beruflicher Erfolgslosigkeit in einen Alkoholiker. Natürlich wurde die solcherart „aus den Fugen" geratene Ehe daraufhin rasch geschieden. Ursprünglich war der Mann Musiker, doch als „brotlose Kunst" eingestuft, kam eine solcherart geartete „Karriere" für ihn nicht in Betracht. Und er wählte somit einen scheinbaren „Brotberuf" in dem er aber auf keinen „grünen Zweig" kam.

Ungleiche Bezahlung im Job – ein dauerhafter Mythos

„Zwischen den Geschlechtern gebe es eine prinzipielle Gehaltslücke, heißt es, genannt: Gender

Pay Gap. Diese Lücke betrage 21%, heißt es weiter, genauer: Frauen verdienten durchschnittlich 21% weniger als Männer. Um das sichtbar zu machen, hat man/frau auf dem Kalender über das Jahresende hinaus einen Tag markiert, bis zu dem Frauen zusätzlich arbeiten müssten, um auf das Einkommen der Männer zu kommen. Der wurde Equal Pay Day genannt. Konkret: Um so viel zu verdienen wie die Männer im abgelaufenen Jahr 2016, müssten Frauen bis zum 18. März 2017 arbeiten.

Die Idee feiert zehnten Geburtstag - und ist ein grandioser Irrtum. Allerdings mit Folgen.

Der Irrtum schlummert bereits in der Zahl von 21%. Sie stammt vom Statistischen Bundesamt, so viel ist richtig. Doch bei genauerer Betrachtung erweisen sich diese 21% weniger als eine allgemeingültige Durchschnittszahl, denn als ein Konstrukt, das folgendermaßen zustande kommt:

Für die Berechnung werden lediglich Betriebe der Privatwirtschaft mit mehr als zehn Mitarbeitern herangezogen. Der gesamte öffentliche Dienst mit nahezu gleichen Gehältern von Männern und Frauen bleibt unberücksichtigt. Ebenso kleinere Betriebe, darunter auch die Familienbetriebe, bei denen die Gewinne gleich verteilt werden. Auch landwirtschaftliche Betriebe, die oft ebenfalls

Familienbetriebe sind, fallen aus der Berechnung heraus.

Außerdem geht das Einkommen aus der Teilzeitarbeit vieler Frauen in diesen Privatbetrieben absolut in die Berechnung ein und nicht relativ, was nötig wäre, um vergleichbare Zahlen zu erhalten. Dadurch verringert sich ihr Stundenlohn drastisch. Schließlich fließen auch die Gehälter der Spitzenverdiener in Führungspositionen mit ein - und die sind in der Mehrzahl männlich.

"Männer verdienen weniger als Männer"

Alles in allem also ein etwas tendenziöses Rechenwerk, das nebenbei die tatsächliche wirtschaftliche Lage der meisten Männer verfälscht. Zum Beispiel werden durch die reichen Männer statistisch alle Männer wohlhabender gemacht, als sie es faktisch sind. Viele Männer liegen unter dem Durchschnittswert. So gesehen könnte man auch sagen: "Männer verdienen weniger als Männer."

Die 21%-Lohnlücke, die bei dieser schiefen Ausschnitts-Durchschnittsberechnung herauskommt, nennt das Statistische Bundesamt "unbereinigten Wert". Welche Relevanz genau er haben soll, kann man auch in Wiesbaden nicht erschöpfend erklären. Es handle sich um eine Vorgabe der Europäischen Union. Danach sollen alle nationalen Statistikämter diesen Wert nach der genannten Grundlage erheben und dem Europäischen Statistikamt in Luxemburg melden.

Eurostat präsentiert dann die jeweilige Ländertabelle mit Italien und Luxemburg und einem - unbereinigten - Lohndifferenzwert von 5,5 Prozent ganz oben. Mit Estland und 26,9 Prozent ganz unten und mit einem EU-Durchschnittswert von 16,3 Prozent (bezogen auf das Jahr 2015. Aktuellere Zahlen gibt es noch nicht).

Wie viel, bzw. wie wenig das wert ist, zeigt nun der Blick auf die sogenannte "bereinigte" Lohnlücke zwischen Männern und Frauen, die das deutsche Statistikamt parallel ebenfalls errechnet. Eben, weil die "unbereinigte" EU-Vorgabe ungenau ist. Sie beträgt sechs Prozent - oder sogar nur zwei Prozent.

Sechs Prozent Lohnlücke zwischen Frauen und Männern ergeben sich, wenn man die vergleichbaren Kriterien für die anerkannten Tarifgruppen zugrunde legt: Gleiche Ausbildung, Qualifikation, Lebens- und Berufsalter, Arbeitszeit und -volumen, betriebliche Verantwortung usw. Dabei sind die überdurchschnittlichen - männlichen - Spitzenverdienste immer noch mit einberechnet.

Nimmt man zusätzlich Erwerbsauszeiten von Frauen zum Beispiel aufgrund von Kindererziehung aus der Berechnungsgrundlage heraus, beträgt die Lohnlücke nur noch zwei Prozent.

Möglicherweise geht es aber noch kleiner, denn auch bei der "bereinigten" Lohnlücken-Rechnung sind der öffentliche Dienst, Kleinstbetriebe und die Landwirtschaft nicht mitberücksichtigt. Da vor allem im öffentlichen Dienst annähernd gleiche Gehälter gezahlt werden, müsste der Gender-Pay-Gap weiter schrumpfen.

Allerdings sieht man das beim Statistischen Bundesamt nicht so. Dort nimmt man an, dass sich die gleichen Löhne im öffentlichen Dienst und die ungleichen bei Kleinstbetrieben gegenseitig aufheben - und schließt, es gebe "keine relevanten Abweichungen" vom bereinigten 6%-Wert. Dass es in den Kleinstbetrieben ungleiche Einkommen gebe, wurde nicht berechnet, sondern ist lediglich eine Annahme. Zur Frage, ob es sich bei Kleinstbetrieben nicht oft um Familienbetriebe mit gleicher Gewinnverteilung handle, kann man sich nicht äußern.

Wie auch immer: Der hochstilisierte Equal Pay Day liegt weniger auf dem 18. März (bei 21%), als auf dem 22. Januar (bei sechs Prozent) oder sogar nur auf dem 7. Januar (bei zwei Prozent).

Man kann sogar sagen: Ein Großteil der arbeitenden Männer und Frauen verdient bei gleichen Faktoren gleich viel. Wie viel Prozent Gleichbezahlter das sind, berechnet das Statistische Bundesamt allerdings nicht. Doch damit hätten wir ein vollkommen anderes gesellschaftliches Bild. Lohnunterschiede sind dann keine Geschlechterfrage mehr, sondern eine soziale Frage.

Bereits statistische Durchschnittswerte verfälschen Realitäten. Wenn es heißt: "Deutsche werden immer reicher", oder: "Trotz Eurokrise und niedriger Renditen ist das Vermögen weiter gewachsen", sind dann "die Deutschen" reicher und vermögender geworden? Der statistische Durchschnittswert vernebelt die auseinandergehende Schere zwischen Arm und Reich. Es wird sogar das Gegenteil suggeriert. Wenn die Reichen reicher werden und mehr Geld da ist, dann behauptet die Statistik, würden auch die Armen reicher. Dann gibt es plötzlich keine Armen mehr und die soziale Frage hat sich rechnerisch erledigt.

Die angebliche Geschlechter-Gehalts-Differenz-Berechnung bewirkt dasselbe. Die Einkommensschere geht allgemein auseinander, unabhängig vom Geschlecht, also auch innerhalb der Männer und innerhalb der Frauen. Mit der reduzierten Männer-Frauen-Sicht wird aus einem allgemeinen Problem ein halbes gemacht - das von Frauen. Tatsächlich sind jenseits des Geschlechter-Schemas die Einkommensunterschiede zwischen der großen Mehrheit und einer Minderheit sehr viel größer als meinetwegen sechs oder zwei Prozent. Nämlich 1000 Prozent oder Zehntausend. 800 Euro im Monat hier, 10 000 oder 50 000 da.

Widersprüche sozialer Art, die nicht einmal mehr gesehen werden. Weil sie nicht gesehen werden sollen?

Ob falscher Equal-Pay-Day oder richtiger, wirklich interessant wäre ein "sozialer" "Equal-Pay-Day". Wie lange müssen die meisten Menschen in Deutschland arbeiten, um auf das Einkommen der Wohlhabenden und Reichen zu kommen? Um sozial gleich zu stehen. Kalendarisch lässt sich das gar nicht mehr abbilden. Dazwischen liegen Jahre, wenn nicht Jahrzehnte. Und mitunter reicht nicht einmal ein ganzes Arbeitsleben aus.

Jemand, der 25.000 Euro im Jahr verdient, hat nach 40 Berufsjahren eine Million Euro erwirtschaftet - und wieder ausgegeben. Eine Summe, die all den prominenten Spitzenverdienern in Wirtschaft, Sport oder Medien vermutlich nur ein müdes Lächeln abringen könnte. So unterschiedlich kann die Arbeitsleistung der Menschen gar nicht sein, um eine solche Differenz zu rechtfertigen. Doch das ist ein Tabu. Dann lieber Sandkastenspiele zwischen Frauen und Männern. Die Vermögenden danken es.

Hinter der Geschlechter-Frage verschanzt sich der Reichtum und versteckt sich die soziale Ungleichheit. Der Gender-Pay-Gap ist eine Falle. Eine Geschlechter-Falle - eine "Gender-Pay-Trap" sozusagen. Damit sie funktioniert, muss der Gehaltsunterschied zwischen Männern und Frauen künstlich höher beziffert werden, denn selbst sechs Prozent taugen nicht zum Skandal. Und den braucht man, um vom eigentlichen Skandal abzulenken.

Die Frauen-Frage im Dienst des Sozialabbaus

Doch eigentlich soll die Mehrheit der Arbeitenden nicht mehr, sondern weniger bekommen. Ein Vorschlag zur Angleichung lautet deshalb gar, nicht die Frauengehälter anzuheben, sondern die Männergehälter auf das Frauen-Niveau abzusenken. Wobei schlauerweise offen gelassen wird, ob bei den unteren oder bei den oberen Gehältern. Die Frauen-Frage im Dienst des Sozialabbaus.

Tatsächlich sind mit der 21%-Zahl bedenkliche politische Implikationen verbunden: Die wirklichen Gehalts-Profiteure werden von der Kritik verschont. Männer sollen von berechtigten Lohnforderungen abgehalten werden. Frauen und Männer werden gegeneinander ausgespielt und entsolidarisiert.

Warum funktioniert das? Vielleicht, weil die Zahl von 21% auch ein Gegensatzdenken kennzeichnet und von einem neoliberalen Zeitgeist bereitwillig aufgegriffen wird, der auf Konkurrenzkampf setzt. Neben der jährlichen Equal-Pay-Day-Folklore manifestiert sich das zum Beispiel in Anti-Männer-Aktionen, wie jener, Männer sollten in öffentlichen Verkehrsmitteln einen Preisaufschlag von 20 Prozent entrichten. Bemerkenswerterweise wird nicht gefordert, Frauen sollten 20 Prozent weniger bezahlen. Sie hätten also gar nichts davon - sondern lediglich die Verkehrsunternehmen.

Erstaunlich bleibt, wie hartnäckig sich manche Irrtümer halten. Der Grund für den Gender-Pay-Gap-Irrtum liegt nicht etwa in einer Rechenschwäche, sondern in der binären Kraft, die entsteht, wenn Informationen, auch falsche, mit sozialen Interessen zusammenfallen." [1]

---

[1] https://www.heise.de/tp/features/Ten-Years-Gender-Pay-Gap-Mistake-Ein-Irrtum-wird-zehn-Jahre-alt-3652060.html?seite=all

Selbst wenn die Arbeit z.B. im Pflegebereich immer noch sehr schlecht bezahlt wird, so ist das kein Grund anzunehmen, dies sei bei Männern anders. Gerade auch im öffentlichen Dienst existiert bei gleicher Eingruppierung – ergo bei gleicher Leistungsfähigkeit – kein Unterschied in der Bezahlung von Männern und Frauen.

Geschlechterproporze behindern Männer übermäßig bei der Karriereplanung

Sogenannte Geschlechterquoten für die Nachwuchsplanung findet man vor allem im akademischen Bereich. Dabei handelt es sich um eine systematische Bevorzugung von Frauen, bei zu besetzenden Stellen, wie diejenige als wissenschaftliche Hilfskraft, und schließlich auch als wissenschaftlicher Mitarbeiter bzw. Assistent. Ich selbst mußte das im gewählten Studiengang Wirtschaftswissenschaft an der Bergischen Universität Wuppertal am eigenen Leib sehr schmerzhaft erfahren. Um über die Graduierung (also beispielsweise Bachelor, Master und Diplom) hinausschreiten zu können, benötigt man eine bezahlte wissenschaftliche Nachwuchsstelle. Doch all die verfügbaren diesbezüglichen Stellen wurden mit Frauen besetzt. Männer hatten da generell keine Chance mehr – so erlebte ich es wenigstens ab Ende der 80er Jahre im gewählten Studiengang. Das mag nicht allgemeingültig sein, doch zumindest in meinem Falle hinderte mich das daran, gleich nach dem Uni-Diplom eine Dissertation aufnehmen zu können, zu der mir von mehreren Professoren bzw. Dozenten sehr zugeraten wurde.

Ähnliches erlebte ich später im öffentlichen Dienst, auch da wurde in mehreren Fällen – zu meinen Ungunsten – der „nachholende" Geschlechterproporz angewandt.

Die biologischen Grenzen des männlichen Erziehers

Dass der Vater, als Erzieher seiner Kinder ungleich viel mehr Gepäck zu tragen hat, als die meisten Ehefrauen, dass erschließt sich nicht leicht. Doch allein schon der biologische Faktor macht ihm das Leben schwer. So wird ein – auch noch so überzeugter – Vater in dem ersten Jahr der Kindheit der stillenden Mutter gegenüber immer der unterlegene sein. Die Kinder zieht es schließlich zur Nährquelle, also zur Mutter, statt zum Vater. Das alles ist rein natürlich bereits so angelegt. Somit tritt der Vater meist erst kurz vor der Kindergartenzeit ins halbbewußte Leben des Kindes.

Ich selbst habe die ersten drei Jahre meiner Kinder so erlebt, als dass die Mutter in dieser Zeit der wichtigste Bezugspunkt der Kinder war. Allerdings ging diese Rolle bei z.B. berufsbedingter Abwesenheit der Mutter – wie nahtlos – auf mich selbst über. Auch habe ich die zweitgeborene indirekt gestillt, indem ich ihr nach dem Einfrieren überschüssiger Muttermilch dieselbe angenehm temperierte und per Fläschchen zu trinken gab. Doch diese Tochter war damit nicht gleichzeitig ein ausgesprochenes Papa-Kind, es hatte lediglich sozial mehr mit mir zu tun.

„Lieb soll der Papa sein, geduldig und sanft. Aber auch zu gegebener Zeit ein bischen strikt und auf die Einhaltung der partnerschaftlich ausdiskutierten elterlichen Grenzen hinwirkend. Im Wettstreit um die erste Stelle auf seiner Prioritätenliste sind Kinder besser als der Beruf. Der aber dennoch genügend abwerfen muss, damit die Last der Verzichte das Familienglück nicht allzu sehr beschwert. Er muss seine Rolle als romantischer

Wunschvater professionell planen und ausführen, soll aber natürlich vor allem Lust auf Kinder haben und nicht nur im Kielwasser seiner Partnerin in die Vaterschaft hineinschlittern." [2]

Was aber soll er tun, wenn die Mutter das abendliche Vorlesen und das Abendgebet schlicht vernachlässigt? Dann ist er selbst gefragt, als nicht so recht passender Ersatz für ureigentlich mütterliche Aufgabenbereiche. Das Gleiche gilt natürlich in noch stärkerem Maße für die Organisation der Fremderziehung (Kindergarten und Schule). Ist der Vater hier seiner Verantwortung bewußt, so wird er auch hier ureigentlich mütterliche Leistungen übernehmen müssen.

Nur eines sollte der Vater nicht tun, als späterer Großvater auf eine Würdigung all dieser Leistungen zählen.

---

[2] Ulrich Meier: MÄNNERWERKSTATT – Nachdenken über das starke Geschlecht, Urachhaus Vlg., Stuttgart 2005, S. 70

Übersteigerte Selbstverwirklichungsphantasien der Frau – ein Hindernis für den berufstätigen Mann

Christa Meves berichtet von Betroffenen:

„Obgleich ich aus Altersgründen keine psychotherapeutische Praxis mehr mache, landen bei mir per Telefon oder Mail weiterhin SOS-Rufe an. Und hier sind es nun nicht nur mehr die Fragen besorgter Mütter um das Verhalten ihrer Kinder, sondern neu sind es junge Männer, die mit sich selbst nicht mehr zurechtkommen. (…).

Ebenfalls sind es immer öfter gestandene Familienväter, die von ihren Ehefrauen ohne Erbarmen vor die Tür gesetzt wurden. Diese Familienväter erleben nun oft voll Entsetzen eine sich einschleichende Entfremdung von ihren Kindern.

Dabei handelt es sich manchmal sogar weniger um solche Paare, die nach einer erst kurzen Ehe die Erfahrung gemacht haben, nicht zueinander zu passen, sondern im Gegenteil: Die Trennungen geschehen erst nach einer langen Spanne der Familienbildung. Es betrifft gewissermaßen weinende Väter, die es mit viel Verantwortungsbewusstsein zu einer guten Familienstruktur gebracht haben.

Diese Väter klagen dann vor allem über den desaströsen Zustand des gesetzlich geregelten Pendelns der Kinder zwischen den getrennt lebenden Eltern. Aber das Neue und Erstaunliche ist nun der so marode, ja oft verzweifelte Zustand dieser ratlosen Vatergruppierung.

Es sind meist nicht die, die die familiäre Last abschütteln wie eine lästig gewordene Bürde, nein, es sind jetzt vor allem die besonders verantwortungsstarken Männer der in den 60er und 70er Jahren Geborenen. Es ist die Kategorie, die die Familie als eine wertvolle zentrale Aufgabe ihrer Lebenserfüllung verstanden hat. Kürzlich bekundete einer: „Meine einst so liebenswürdige Frau behandelt mich nun schon seit Jahren wie ein Stück Dreck. Sie nennt mich einen unbrauchbaren Waschlappen und das sogar immer wieder im Beisein der Kinder. Aber das tut ihnen nicht gut, lässt sich merken. Die Jungen strafen mich schweigend mit Verachtung und die Mädchen oft mit unverschämten Bemerkungen. Sie lassen immer mehr jeden Respekt vermissen, ja, sie plappern die mütterliche Herabsetzung meiner Person geradezu nach. Dass es dadurch für mich jeden Tag schwerer wird, für sie das tägliche Brot zu verdienen, tritt als Wert gar nicht mehr in ihr Bewusstsein. Eine einzige kleine Tochter habe ich, die so etwas wie Mitleid mit mir entwickelt. Wenn die Kinder bei mir sind sagt sie dann mit Augenaufschlag: `Wenn ich 18 bin, ziehe ich zu Dir.` Und dann schaut sie mich dabei an, als wolle sie mich trösten. Ich fühle mich in meiner Familie jetzt wie in einer Art Sklavenrolle."

Manche dieser Väter halten aber die dauernden Entwürdigungen auch nicht endlos durch. Die Kurzbesuche enden plötzlich mit einem emotionalen Ausbruch. Der Vater kippt plötzlich bei seinen Kurzbesuchen den Kaffeetisch um, brüllt los, knallt mit den Türen, läuft davon. Womöglich hat er seiner Frau dabei einen Knuff versetzt. Nun hat er sich wirklich ins Unrecht gesetzt. Mancher Mann dieser Art sucht nun heimlich ein Refugium. Gelegentlich scheint das zunächst zu gelingen, bei einer stillen, sanften Geliebten, der er die unsäglichen immer neuen Probleme erzählen kann. Aber das bleibt ein schuldbewusstes Provisorium, das neue Probleme aufwirft… Die Kinder aber gehen dann nach der Pubertät ohne eine klare Orientierung auf die Suche nach neuer Heimat, nach haltgebendem Frieden – endlich einmal…

Aber ist es nicht sinnreich, sich endlich bewusst der Frage zu stellen: Wie hat es zu dieser Häufigkeit von zerstrittenen Familiensituationen kommen können? Dann ist es nämlich möglich, zu erkennen, dass zu einem Großteil die Übertreibungen mit der sog. Selbstverwirklichung der Frau daran schuld sind. Gewiss ist es berechtigt, dass wir Frauen mit den Männern gleichberechtigt sind, wie es die Emanzipationsbewegung aber bereits vor dem ersten Weltkrieg auf den Weg gebracht hat.

Aber auf der Welle der 68er Revolte kam es nun subversiv zu einer übertriebenen Machtergreifung der Frau in ihrer familiären Position. Im Zuge dieser Stimmung wurde der Mann zu einem „nichtsnutzigen Ausbeuter" degradiert und damit durch dauernde Herabsetzungen seiner Würde beraubt. Aber wie die vielen Scheidungen und ihre Folgen beweisen, sägen Frauen, die sich in dieser Weise mit dem Zeitgeist verheiratet haben, an dem Ast, auf dem sie selbst sitzen. Immer mehr spielen die ihres Nestes beraubten Kinder geradezu verrückt. In der jungen Generation entsteht so nicht selten Heiratsscheu, ja, häufig sogar auch eine fatale Minderung ihrer Leistungsfähigkeit.

Es wäre dringend an der Zeit, jungen, immer seltener werdenden verlobten Paaren in einer gezielten Eheberatung zu vermitteln: Ihr Frauen, macht euch nicht zu Mitläufern dieses auf Zerstörung der Familie sinnenden Zeitgeistes! Maßt euch nicht an, euren Ehemann beherrschen zu wollen, versteht ihn vielmehr als den ganz Anderen, als den auch anders Liebenden, der in Treue versucht, durch einen Brotberuf Verantwortung für seine Kinder, ja, auch für seine Frau zu tragen.

Es ist nicht Sinn der Ehe, dass der Mann zum Sklaven seiner Ehefrau degradiert wird. Er bedarf vielmehr der Anerkennung durch fröhliche Wertschätzung, durch die liebende Einstellung seiner Frau – was sich dann auch auf seine Kindern überträgt. Nur so kann ein Vater für seine Kinder zum Vorbild werden, und das ist für ihre lebenslängliche seelische Gesundheit von hohem Belang. Wir brauchen, um Frieden und eine fröhliche Gemeinschaft in der Familie zu gewinnen, einen bewussten Umschwung dieser negativen Mann-Einstellung, um ihm zu der ihm zustehenden familiären Anerkennung zu verhelfen. Durch eine solche Einstellungsänderung der Familienmutter kann neue Kraft entstehen, um dann auch bewusst gemeinsam all die Probleme anzugehen, die unser wirrer Zeitgeist ohnehin für die Familie aufwirft." [3]

Es wirkt wie der Vorbote des „Krieges aller gegen alle" (Rudolf Steiner), was sich diesbezüglich in so mancher „bürgerlichen" Ehe tut.

---

[3] https://www.aktion-kig.eu/2018/11/verzweifelte-vaeter-als-folge-einer-uferlosen-selbstverwirklichung-der-frau/

Scheiternde Ehen

Die Scheidungsrate für derzeit neu getraute Paare liegt bei mindestens 40 %, mutmaßlich aber bereits weit höher [4].

Als Gründe lassen sich zum einen der „Sex-Wahn" unserer heutigen Gesellschaft anführen, aber mindestens in eben so hohem Maße übersteigerte Erwartungen der heutigen Frauen an ihre Selbstverwirklichung. Dazu kommen noch weitere kultur-historische Umstände.[5]

Einsame Väter

Zurück bleiben Alleinerziehende, Ex-Partner ohne wirklichen Kontakt (sprich: Besuchsrecht) hinsichtlich der Kinder sowie „Patchworkfamilien" in jeder nur denkbaren Art und Güte.

---

[4] Vgl. Wolfgang Gädeke: EHE – Sehnsucht – Idee – Wirklichkeit, Urachhaus Vlg., Stuttgart 2000, S. 17
[5] Vgl. Flensburger Hefte Nr. 44: Scheidung – warum?, Flensburger Hefte Vlg., Flensburg 1994

Bei vielen der zurückbleibenden Kinder sind daraus resultierende Schäden in ihrer gesunden Sozialisation zu konstatieren. Leicht wird dem entfernt lebenden Vater die alleinige Schuld für die Trennung zugesprochen, obwohl dies – gelinde gesagt – nur die halbe Wahrheit ist.

Die Vereinsamkeitstendenzen des „Bewußtseinsseelenzeitalters", in dem wir leben[6], machen sich vor allem bei verlassenen lebenden Vätern bemerkbar.

Einem männlichen Nachkommen, also einem Jungen, wird der Vater wohl eher fehlen, als dem weiblichen Nachwuchs, doch ich denke, solche Unterschiede gleichen sich spätestens in der Pubertät wieder aus. Wenn dann Kinder ihre getrennt lebenden Väter nicht oder nur wenig besuchen, so liegt das sicherlich auch an der halbbewußten Übernahme der Mutterposition, dem Vater gegenüber.

Den so geringgeschätzten Vater beschleichen bisweilen Gedanken, vielleicht kein optimaler Vater gewesen zu sein. Doch eine realistische Betrachtung der kindlichen Sozialisation erweist meist das glatte Gegenteil.

---

[6] Vgl. Michael Heinen-Anders: Leere, Suche, Einsamkeit – die Segnungen des Bewußtseinsseelen-Zeitalters, BoD, Norderstedt 2017

Nachwort

Ich schrieb dieses Buch als „gefühlt Betroffener"
nicht ohne Grund in der Weihnachtszeit. Einmal, da
Weihnachten ja ein ausgesprochenes Familienfest
ist, und ich daher in den sogenannten „heiligen
Tagen und Nächten" immer auch ein Stück weit
Einsamkeit empfinde, zum anderen aber auch, da
Weihnachten letztlich als ein Fest des Friedens und
der Selbst-Überwindung gedacht werden muß. - Mir
sind natürlich auch weitere Väter bekannt, die
ähnliches erfahren mussten, daher bin ich gewiß
nicht alleine in dem Schmerz, der sich äußert, wenn
ein heilsames Familienleben nicht mehr möglich zu
sein scheint. - Es gilt also schmerzvoll erlebtes nicht
nur quasi im Nacherleben oder auch mehr sachlich
abstrakt zu schildern, sondern diesen Schmerz
darüber hinaus dadurch zu „erheben", indem man
schließlich sich selbst überwindet, und mit einer
gehörigen Portion Altersmilde auf diesbezügliche
biographische Stationen „anschaulich-abgeklärt"
zurück zu schauen in der Lage ist.

Ich hoffe sehr, dass dieser „Versuch" mir nicht
mißlungen ist.

Autobiographische Notiz:

Michael Heinen-Anders wurde am 25.02.1960 in Köln geboren. Er studierte an der Bergischen Universität Wuppertal Wirtschafts- und Sozialwissenschaften.
1989 schloss er das Studium als Diplom-Ökonom ab.
Michael Heinen-Anders trat 1994 der Anthroposophischen Gesellschaft, Zweig Köln, bei.
Seit 2011 ist er gleichfalls Mitglied der Freien Hochschule für Geisteswissenschaft.
Er veröffentlichte zahlreiche literarische, essayistische und wissenschaftliche Schriften, darunter „Aus anthroposophischen Zusammenhängen", BoD, Norderstedt 2010 und „Aus anthroposophischen Zusammenhängen Band II", BoD, Norderstedt 2018.
Michael Heinen-Anders lebt in Köln, ist geschieden und hat zwei erwachsene Töchter.